Qué prefieres
LIBRO PARA NIÑOS

WOULD YOU RATHER
BOOK FOR KIDS

Eva Byrd

ISBN: 978-1-953149-39-8

Copyright © 2021 by Eva Byrd.
Second Paperback Edition: June 2021
First Paperback Edition: March 2020

All Rights Reserved.

Todos los derechos reservados.
El contenido de este libro no puede ser reproducido, duplicado o transmitido sin permiso directo por escrito del autor o del editor.

Silly Jokes
& Fun Riddles

For Kids and Family

More bonus jokes, riddles and funny stories!

https://sendfox.com/lp/m58rrz

Introducción

Queremos agradecerte por comprar este libro. Dentro del libro encontrarás una colección de escenarios hilarantes, situaciones locas y decisiones difíciles para que los niños se diviertan por muchas horas. Esta es una herramienta para iniciar una conversación de una manera emocionante y divertida. No te olvides de preguntar "Por qué" después para obtener respuestas aún más interesantes y aprender cosas sobre una persona que no conocías antes! Sabemos lo importante que es que los niños aprendan, crezcan y lean más; es exactamente por eso escribimos este libro. Juegos simples, divertidos y atractivos como los que contiene este libro ayudan a los niños a educarse de manera que incluso olvidan que están aprendiendo y desarrollando valiosas habilidades para la vida.

Hay muchos más beneficios:

DESARROLLA EL PENSAMIENTO CRÍTICO – Permite a los niños analizar y racionalizar sus elecciones. Una forma segura de ayudar a desarrollar habilidades de pensamiento lógico para el resto de sus vidas.

FOMENTA LA COMUNICACIÓN – Este libro ayudará a los niños a interactuar, escuchar y sentirse cómodos leyendo en voz alta con los demás. Es una excelente manera de conectarse. Sin mencionar que es una forma divertida para que los padres interactúen con sus hijos y creen recuerdos inolvidables. Si está buscando una forma sencilla de aprender sobre los gustos, aversiones y valores de su hijo, ¡ésta es!

CREA CONFIANZA– Al interactuar con los demás, puede ser una herramienta útil para ayudar a sus hijos a pronunciar nuevo vocabulario e incluso superar la timidez.

REGLAS DEL JUEGO

NOTA: Este juego se juega mejor con otras personas, así que si puedes, juégalo con amigos y/o familia.

Dos jugadores

- El jugador 1 toma el libro y le hace al jugador 2 una pregunta que comienza con la frase "¿Qué prefieres...?" y "Por qué...?"
- Después de que el jugador 2 haya hecho su elección, tendrá que explicar la razón por la que se hizo la elección.
- Pásale el libro al otro jugador, y te hará una pregunta.
- ¡Diviértete y no te olvides de reírte un montón!

Tres o cuatro jugadores

- Fuera de su grupo decidan quién será el Maestro de Preguntas.
- El Maestro de Preguntas les hace una pregunta del libro y después les pregunta "Por qué...?".
- Los otros jugadores dan sus respuestas en voz alta.
- El Maestro de Preguntas decide quién ha dado la mejor respuesta y le da un punto al ganador.
- Esta es la respuesta con la mejor explicación del "Por qué".
- Las respuestas pueden ser divertidas, bien pensadas e incluso creativas.
- ¡El primer jugador que alcance los 10 puntos gana!

¡DIVIRTÁMONOS UN POCO!

¿QUÉ PREFIERES...

poseer un dragón que respira fuego y que nunca te hará daño

o

un dragón que respira burbujas?

comer pizza por el resto de tu vida

o

comer helado para el resto de tu vida?

¿QUÉ PREFIERES...

ser capaz de hablar con los animales

leer la mente de la gente?

lamer la parte inferior de tus dos zapatos

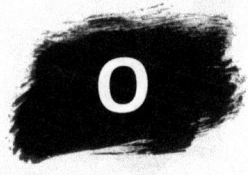

comerse los mocos?

¿QUÉ PREFIERES...

estornudar el queso ricotta

o

tener lágrimas de chocolate?

comer 3 tomates podridos

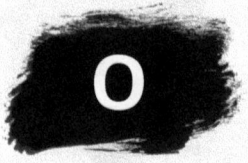

o

una lata de comida para gatos viejos?

¿QUÉ PREFIERES...

descubrir un unicornio

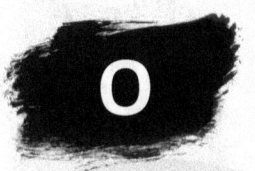

encontrar un tesoro enterrado?

tener el mismo nombre que tu abuela

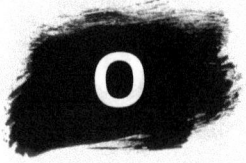

tener su mismo peinado?

¿QUÉ PREFIERES...

siempre hablar en rima

cantar cada vez que hablas?

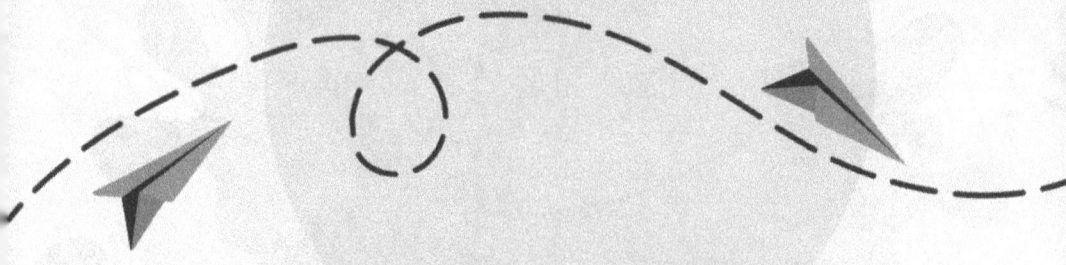

usar maquillaje de payaso todos los días por un año

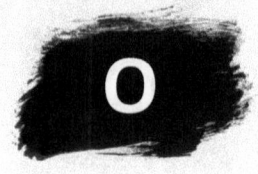

usar un tutú por un año consecutivo?

¿QUÉ PREFIERES...

saltar en vez de caminar

solo ser capaz de caminar hacia atrás?

tener hierba para el pelo de las axilas

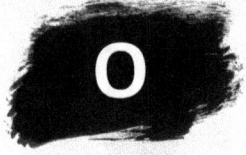

tener un pepino por nariz?

¿QUÉ PREFIERES...

ser capaz de convertirse en un oso panda

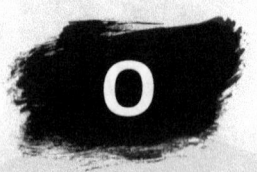

en un canguro

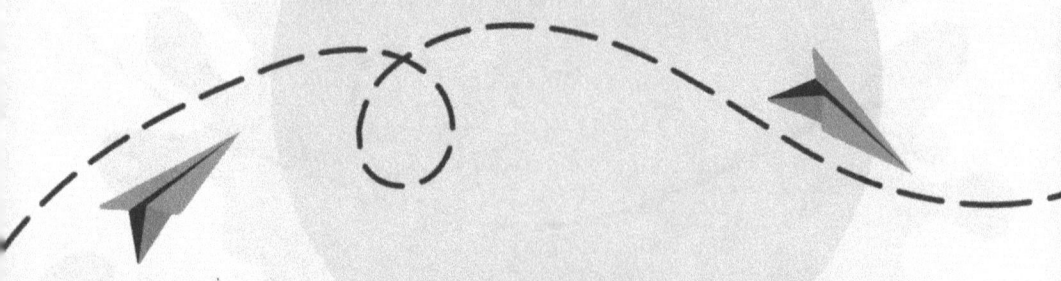

tener manos en lugar de pies

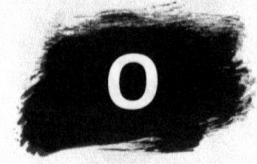

tener pies en lugar de las manos?

¿QUÉ PREFIERES...

tener una capa que te hace invisible

o

tener una varita mágica para hacer desaparecer las cosas?

encontrar una lámpara mágica que te da dos deseos

o

ser capaz de respirar bajo el agua?

¿QUÉ PREFIERES...

ser capaz de caminar por el lado de los edificios altos

O

ser capaz de saltar sobre ellos de un solo salto?

tomar una siesta con unas serpientes

O

besar una medusa?

¿QUÉ PREFIERES...

viajar al futuro y hablar contigo mismo durante 10 minutos **O**

viajar al pasado y hablar contigo mismo durante 20 minutos?

ser la persona más divertido **O**

la persona más inteligente del mundo?

¿QUÉ PREFIERES...

ser realmente bueno en el esquí acuático

snowboarding?

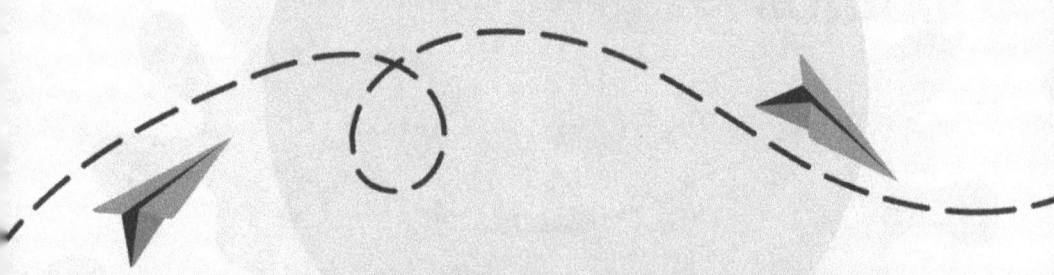

ser capaz de hablar todos los idiomas

tener la capacidad de tocar todos los instrumentos?

¿QUÉ PREFIERES...

visitar un castillo encantado

o

quedarse en un hotel submarino?

vivir en una casa del árbol

o

en una cueva secreta?

¿QUÉ PREFIERES...

nunca volver a usar un teléfono

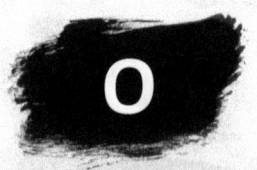

no volver a ver la televisión?

volar una nave espacial a la luna

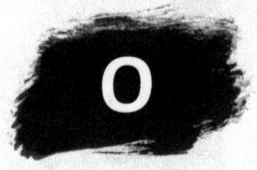

volar a Plutón?

¿QUÉ PREFIERES...

ser el mejor pintor

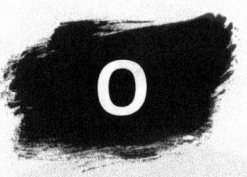

el mejor en el baile?

ser capaz de controlar el clima

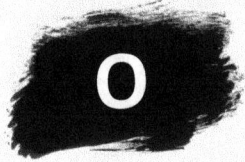

controlar la mente de la gente?

¿QUÉ PREFIERES...

tener dedos para las pestañas

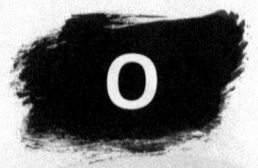

tener lenguas para los dedos?

ser un actor famoso

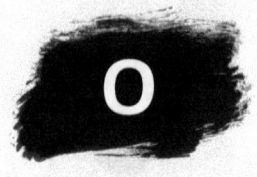

ser un mago famoso?

¿QUÉ PREFIERES...

diseñar un nuevo y genial juguete

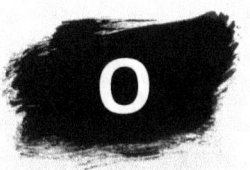

dirigir un best-seller?

ser un extra en una película realmente buena

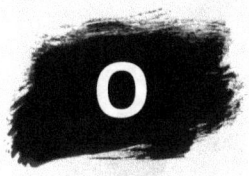

tener un gran papel en una película realmente mala?

¿QUÉ PREFIERES...

siempre tener una pequeña roca en tus zapatos

siempre tener barro en los zapatos?

comer todos los dulces que quieras, para siempre, sin ningún efecto secundario negativo

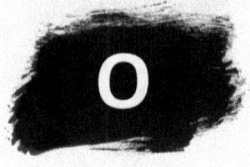

recibir un millón de dólares?

¿QUÉ PREFIERES...

ser obligado a vivir el mismo día una y otra vez durante un año completo

o

tomar 4 años del final de tu vida?

siempre oler a ajo

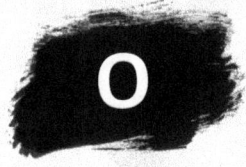

siempre oler a pimienta negra?

¿QUÉ PREFIERES...

tener una pelea de bolas de nieve con un pingüino

ir a nadar a la Antártida?

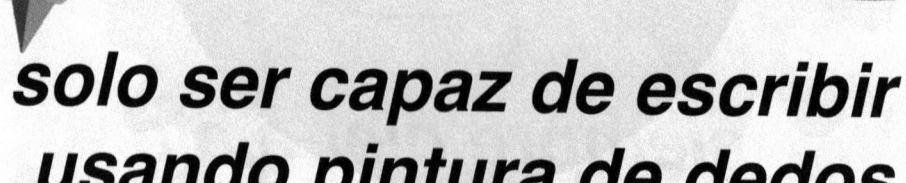

solo ser capaz de escribir usando pintura de dedos

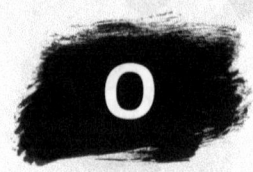

solo ser capaz de enviar mensajes de texto mientras se usan guantes?

¿QUÉ PREFIERES...

ganar una medalla de oro olímpica

o

ganar un Premio de la Academia?

comer una cucharada de canela

o

comer una cucharada de rábano picante?

¿QUÉ PREFIERES...

ser capaz de ver a través de las paredes

ser capaz de hacer cualquier ecuación matemática en tu cabeza?

no tener codos

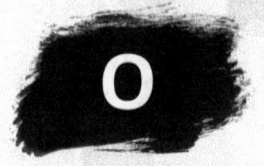

no tener rodillas?

¿QUÉ PREFIERES...

ser un mago

ser un superhéroe?

vivir en un parque de atracciones

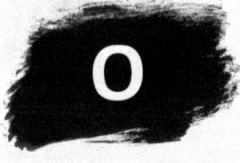

vivir en un zoológico?

¿QUÉ PREFIERES...

nunca tener que hacer tu tarea

que te paguen por hacer tu tarea?

salvar a su país de una invasión alienígena

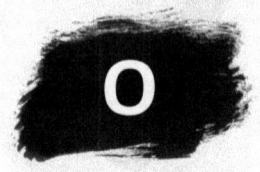

de una terrible enfermedad?

¿QUÉ PREFIERES...

tener el poder de correr tan rápido como la velocidad de la luz

O

tener el poder de atravesar paredes?

que te crezcan flores en el pelo

O

que las flores crezcan de tu ombligo?

¿QUÉ PREFIERES...

ser capaz de escribir muy rápido

ser capaz de leer muy rápidamente?

ser capaz de controlar el fuego

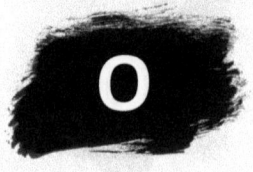

ser capaz de controlar el agua?

¿QUÉ PREFIERES...

inventar unas nuevas vacaciones

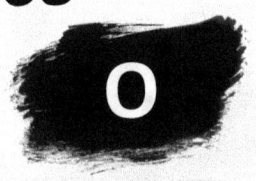

crear un nuevo deporte?

tener habilidades como un ninja

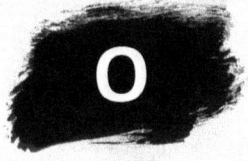

tener la capacidad de volar?

¿QUÉ PREFIERES...

nadar en una piscina de tu cereal favorito y leche con chocolate

O

beber un vaso de agua de una piscina pública?

crecer con una manada de lobos

O

ser criado por monos?

¿QUÉ PREFIERES...

siempre viajar en globo aerostático

o

montar en una bolsa de canguro?

hacer que la comida aparezca mágicamente cuando quieras

o

siempre saber cuando alguien está mintiendo?

¿QUÉ PREFIERES...

faltar a la escuela por dos meses

ser capaz de hacer reír a cualquiera al instante durante 2 meses?

montar un dragón amistoso

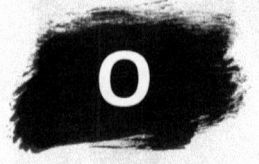

montar un palo de escoba mágico?

¿QUÉ PREFIERES...

tener una gran fuerza

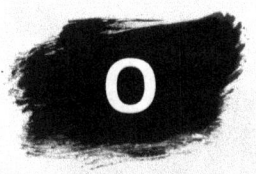

super velocidad?

ser capaz de mover las cosas con tu mente

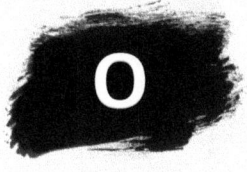

ser capaz de teletransportarse?

¿QUÉ PREFIERES...

dormir en el Polo Norte cada dos noches para siempre

o

dormir en un congelador gigante durante 6 meses seguidos?

solo poder leer los labios por el resto de tu vida

o

solo poder comunicarse a través del lenguaje de signos?

¿QUÉ PREFIERES...

ser capaz de tocar a alguien y hacer que cualquier dolor desaparezca

o

tocar cualquier objeto y convertirlo en oro?

haz clic en tus tacones y tu habitación se organizará al instante

o

chasquear los dedos y tus objetos perdidos aparecen mágicamente?

¿QUÉ PREFIERES...

tener el pelo que cambia de color con tu estado de ánimo

tener la piel que cambia de color con la temperatura?

tener un gran bigote rosado y tupido

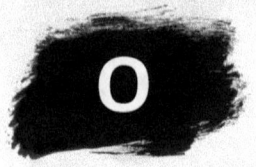

tener grandes y tupidas cejas rosas?

¿QUÉ PREFIERES...

ser capaz de cambiar de color como un camaleón

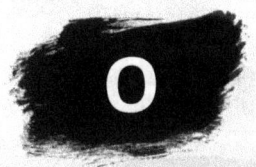

tener la habilidad de aguantar la respiración el doble de tiempo que una ballena?

perder tu capacidad de hablar

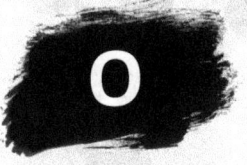

tener que decir todo lo que estás pensando?

¿QUÉ PREFIERES...

que tu madre nunca te moleste por limpiar tu habitación

O

tener que preparar el desayuno para tus padres todos los días?

ser apestoso, pero no ser capaz de olerlo

O

que tus padres sean malolientes, pero solo tú puedes olerlo?

¿QUÉ PREFIERES...

comer hiedra venenosa

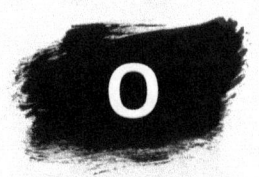

comer un puñado de avispas?

ser el famoso autor de Crepúsculo

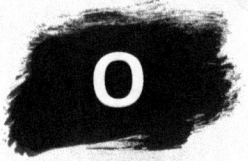

ser el famoso escritor de todas las canciones de Nickelback?

¿QUÉ PREFIERES...

llevar un caparazón de tortuga púrpura gigante en tu espalda

o

usar un caparazón de caracol brillante?

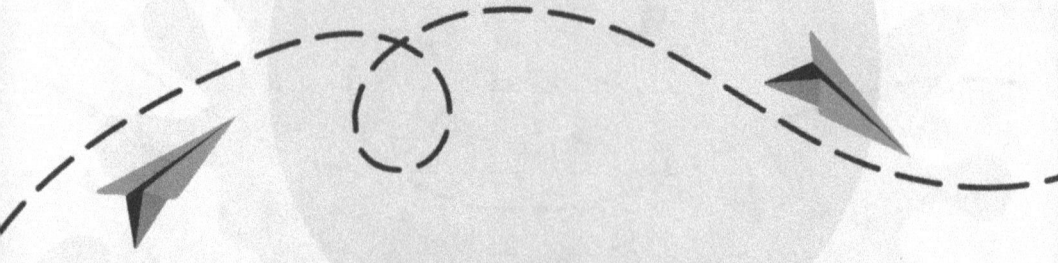

nunca tener que volver a cepillarte los dientes, pero tener un cuerpo apestoso

o

nunca tener que ducharse nunca más, pero tener un aliento apestoso?

¿QUÉ PREFIERES...

saber lo que sus mascotas piensan de ti

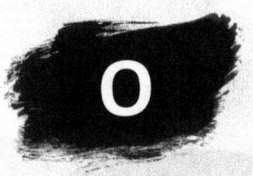

nunca oirlos hablar?

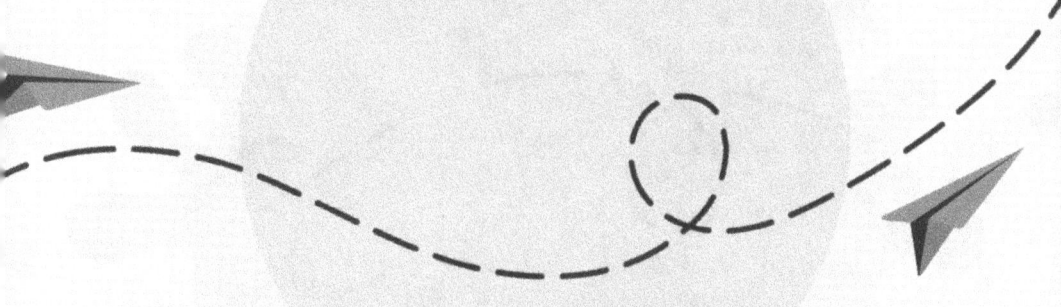

ser una vaca de lunares de colores

ser un cerdo súper elegante?

¿QUÉ PREFIERES...

poner tus pies en un cubo de arañas venenosas

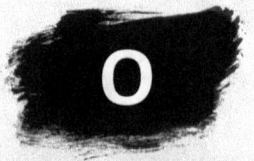

o

poner los pies en un cubo de escorpiones?

reírse incontrolablemente cada vez que alguien estornuda

o

cada vez que bostezas, alguien más se ríe incontrolablemente?

¿QUÉ PREFIERES...

ir a un planeta distante

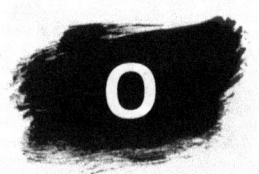

viajar a través del tiempo?

tener ojos de color lavanda

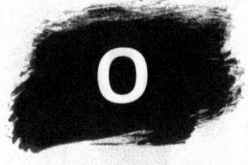

una lengua púrpura?

¿QUÉ PREFIERES...

tener que dar un discurso con una gran mancha en su camisa

o

tener papel higiénico pegado en la suela de sus dos zapatos?

comer 50 grandes frascos de comida para bebés

o

cambiar 50 pañales gigantes de caca?

¿QUÉ PREFIERES...

pasar un año sin tus dientes

O

pasar un año sin Internet?

ser un perro con manos y piernas humanas

O

ser un humano con patas de perro?

¿QUÉ PREFIERES...

permanecer despierto por 41 horas seguidas

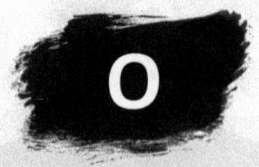

dormir por 41 horas seguidas?

que una langosta te pellizque diez veces

recibir un puñetazo en la cara dos veces?

¿QUÉ PREFIERES...

ser un lindo aguacate que camina y habla

o

ser una calabaza de aspecto divertido?

tener las uñas de los pies de color verde brillante

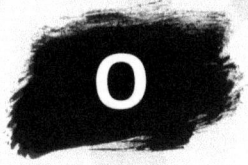
o

tener las uñas de los dedos de color verde brillante?

¿QUÉ PREFIERES...

tener rodillas de titanio

o

tener codos de titanio?

tener una universidad con tu nombre

o

tener un estadio deportivo con tu nombre?

¿QUÉ PREFIERES...

que todos los perros traten de atacarte cuando te vean

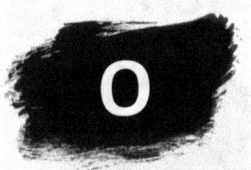

que todos los pájaros intenten atacarte cuando te ven?

tener un enorme gorila como mascota

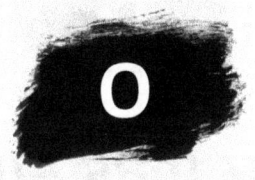

tener un dinosaurio gigante?

¿QUÉ PREFIERES...

tener un coche que puede volar

o

que puede conducir bajo el agua?

tener sueños muy raros todas las noches

o

nunca tener más sueños?

¿QUÉ PREFIERES...

vivir en un lugar donde siempre está lloviendo

o

vivir en un lugar donde el sol nunca se pone?

tener plumas de arco iris para la piel

o

tener escamas de color rosa brillante?

¿QUÉ PREFIERES...

comer sopa caliente con un tenedor

O

comer sopa congelada en forma de cubos?

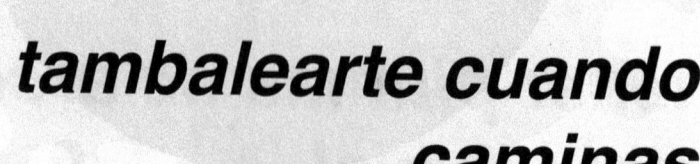

tambalearte cuando caminas

O

solo poder hablar cada dos palabras en una oración?

¿QUÉ PREFIERES...

ser famoso por hacer algo ridículo

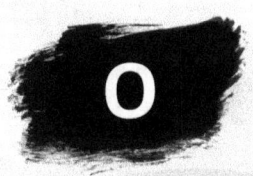

permanecer desconocido toda tu vida?

tener padres que te avergüencen

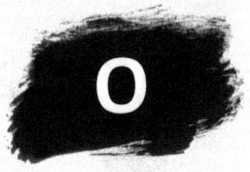

tener padres a quienes avergonzas?

¿QUÉ PREFIERES...

unirte al circo

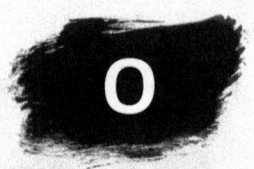

trabajar en una granja con animales que hablan?

recibir un dólar cada vez que alguien tiene buenos pensamientos sobre ti

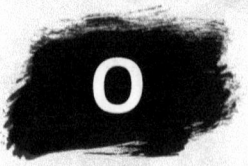

recibir un dólar cada vez que alguien tiene malos pensamientos sobre ti?

¿QUÉ PREFIERES...

tener palos de pogo para las piernas

O

hacer el moonwalk por todas partes?

vivir en una casa espeluznante con fantasmas

O

vivir en una casa junto a un cementerio?

¿QUÉ PREFIERES...

que tu mamá te reprenda todos los días durante un mes

o

tu papá?

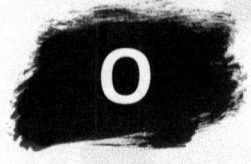

tener piernas hechas de gelatina

o

tener brazos hechos de Cheese Wiz?

¿QUÉ PREFIERES...

usar ropa interior muy ajustada **o**

usar ropa interior de gran tamaño?

siempre olvidar el cumpleaños de tu mejor amigo **o**

que tu mejor amigo siempre olvide tu cumpleaños?

¿QUÉ PREFIERES...

tener una lengua resbaladiza tan larga que no puede entrar en la boca

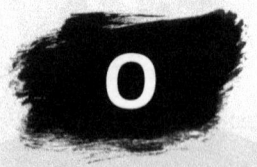

no tener lengua?

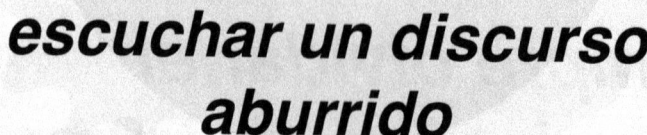

escuchar un discurso aburrido

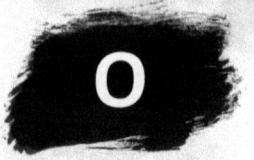

dar un discurso realmente aburrido?

¿QUÉ PREFIERES...

tener palmas realmente peludas

o

tener dedos muy peludos?

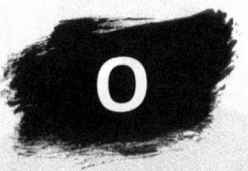

tener un amigo molesto que se ríe demasiado fuerte

o

tener un amigo cuya risa siempre suene realmente falsa?

¿QUÉ PREFIERES...

que un caracol viscoso te suba por la pierna

O

se arrastre por tu cabello?

crear paz mundial con abrazos

O

con una máquina de hacer burbujas masiva y risueña?

¿QUÉ PREFIERES...

rascarte el trasero en público

o

olfatear tu trasero en público?

tener un amigo que siempre ruega comida

o

tener un amigo que siempre ruega por dinero?

¿QUÉ PREFIERES...

tener tanta hambre que se come una comida directamente del horno

o

comer una comida que se ha congelado completamente?

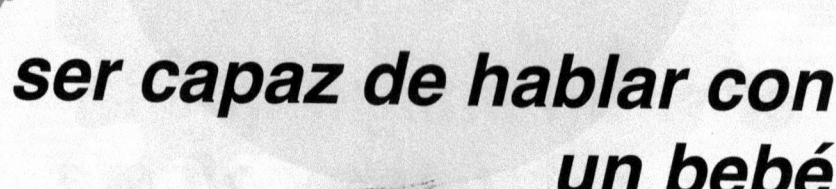

ser capaz de hablar con un bebé

o

poder comunicarte con extraterrestres a años luz de distancia?

¿QUÉ PREFIERES...

viajar al final del universo

o

descubrir una nueva especie en el fondo del océano?

revivir el día más divertido de tu vida todos los días

o

no poder reír nunca más?

¿QUÉ PREFIERES...

ser el peor en la lectura

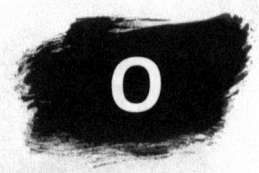

ser un terrible escritor?

bañarte con fideos de espagueti

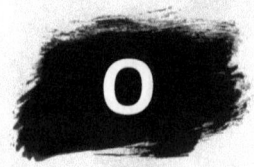

darte una ducha con salsa de tocino grasiento?

¿QUÉ PREFIERES...

vivir en una casa del árbol

vivir en un nido de pájaros de tamaño humano?

tener una superpotencia inútil

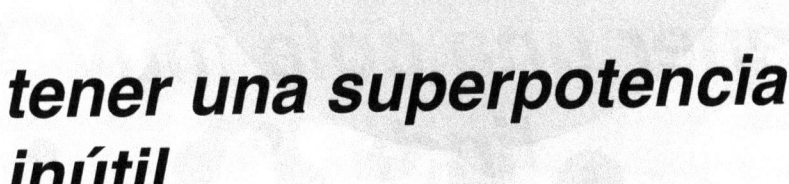

tener una superpotencia que no sabes cómo usar?

¿QUÉ PREFIERES...

tener hermanos entrometidos

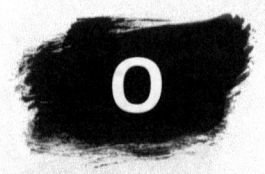

tener padres entrometidos?

tener una cola muy linda

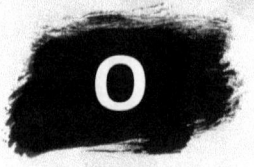

tener cuernos muy lindos?

¿QUÉ PREFIERES...

que alguien te dibuje un bigote en la cara mientras duermes

o

que alguien te pintara las cejas mientras duermes?

tener pelo sólo en el medio de la cabeza

o

tener el pelo a los lados de la cabeza?

¿QUÉ PREFIERES...

hacerte un tatuaje de un unicornio en la mejilla

hacerte un tatuaje de un hada en la mejilla?

que te crezca el pelo en los labios

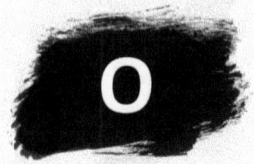

que te crezca el pelo en la lengua?

¿QUÉ PREFIERES...

comer solo frutas por el resto de tu vida

comer solo comida chatarra por el resto de tu vida?

tener la capacidad de detener el envejecimiento

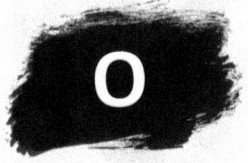

empezar a envejecer más rápido?

¿QUÉ PREFIERES...

usar talco para bebés en todo el trasero

por toda tu cara?

usar una camiseta sin mangas afuera cuando esté nevando muy fuerte

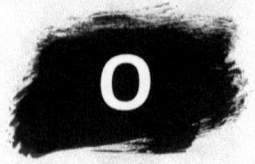

usar un abrigo muy pesado y grueso en una calurosa tarde de verano?

¿QUÉ PREFIERES...

que tu comida favorita se convierta en ilegal

O

que se vuelva muy cara de conseguir?

seguir la misma rutina todos los días de tu vida

O

realizar un loco truco todos los días?

¿QUÉ PREFIERES...

tener que usar zapatos mojados

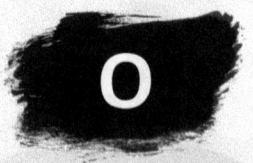

usar zapatos apretados?

que te hagan cosquillas cada vez que tosas

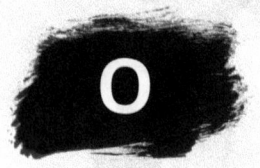

que te piquen mucho las axilas?

¿QUÉ PREFIERES...

ser capaz de ver en la oscuridad

O

tener audición supersónica?

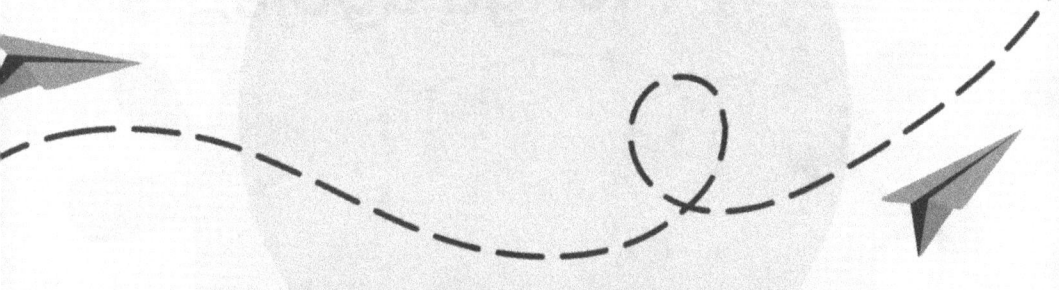

que todos los días sean Navidad

O

que sean tu cumpleaños?

¿QUÉ PREFIERES...

caminar bajo la lluvia con un paraguas demasiado pequeño

con un paraguas que tenga agujeros?

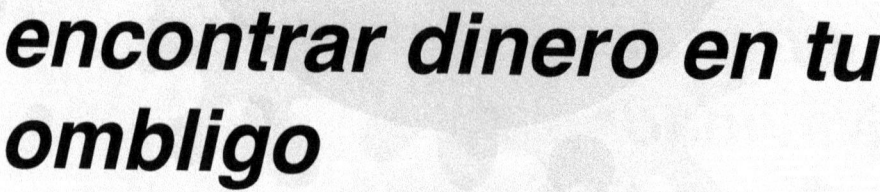

encontrar dinero en tu ombligo

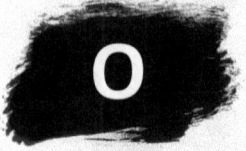

en un pedazo de caramelo?

¿QUÉ PREFIERES...

usar el pañuelo de un amigo para sonarte la nariz

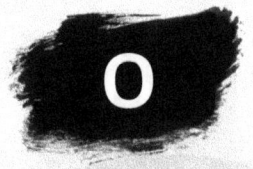

una toalla de un amigo para sonarte la nariz?

ser una momia divertidísima

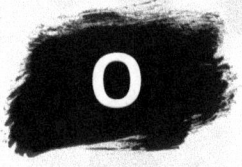

un zombie amistoso?

¿QUÉ PREFIERES...

tener las uñas de los dedos muy largas que cuelgan del suelo

O

tener pestañas muy largas que cuelgan hasta el suelo?

tener ojos en la parte posterior de tu cabeza

O

una cabeza que puede girar 360 grados?

¿QUÉ PREFIERES...

ser capaz de escalar paredes

o

ser capaz de saltar de una pared a otra?

controlar todas las cosas hechas de metal

o

controlar todas las cosas hechas de hielo?

¿QUÉ PREFIERES...

estar atrapado en una habitación con un viejo malhumorado durante siete días

o

estar atrapado con un niño hiperactivo?

que te tiren un cubo de agua fría tirado sobre tu cabeza

o

tener bloques de hielo metidos en tu camisa?

¿QUÉ PREFIERES...

usar una camisa que pique mucho durante todo el día

o

ser picado al azar por una abeja 7 veces durante el día?

ser el mejor amigo de un zorrillo en el bosque

o

ser el mejor amigo de un oso?

¿QUÉ PREFIERES...

eructar después de cada bocado de comida que comas

o

comer una cuchara llena de canela después de cada bocado de comida que comas?

vestir a tus abuelos como bebés

o

vestir a tu mascota como un adulto?

¿QUÉ PREFIERES...

poner lápiz labial en la mascota de un extraño

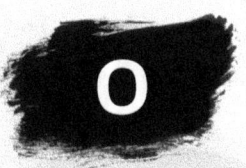

que la mascota de un extraño te ponga lápiz labial?

participar en un concurso de comer queso apestoso

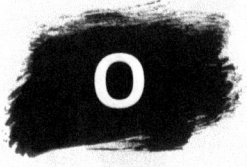

en una competición de beber mostaza?

¿QUÉ PREFIERES...

dormir en una habitación de hotel que tiene un montón de chinches

que tiene un montón de mosquitos?

ser confundido con alguien que es rico

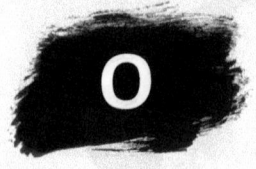

ser confundido con alguien que es famoso?

¿QUÉ PREFIERES...

cocinar comidas realmente deliciosas pero ser incapaz de comerlas

o

cocinar comidas asquerosas y comerlas solo?

ser incapaz de oler nada durante un mes

o

no ser capaz de probar nada durante un mes?

¿QUÉ PREFIERES...

tener garras

o

tener colmillos?

que tu madre te lleve todo el tiempo con un disfraz de payaso

o

conducir a tu madre todo el tiempo mientras usas un disfraz de payaso?

¿QUÉ PREFIERES...

gritarle a una anciana

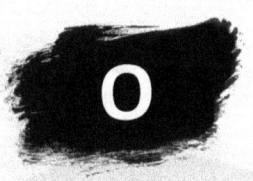

que un niño pequeño te grite a ti?

montar un toro en miniatura

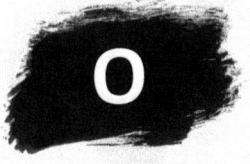

montar un mosquito gigante?

¿QUÉ PREFIERES...

estar varado en una isla por 74 horas

estar varado en un barco por 52 horas?

ser un médico muy inteligente?

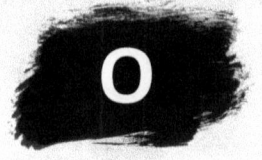

ser un profesor realmente divertido?

¿QUÉ PREFIERES...

ir a acampar con lobos parlantes

o

ir a pescar con un puercoespín?

pararte en un charco de gelatina

o

pararte en un charco de queso crema?

¿QUÉ PREFIERES...

abrazar un gran oso de peluche por 6 horas

pasar 3 horas abrazando a tu madre?

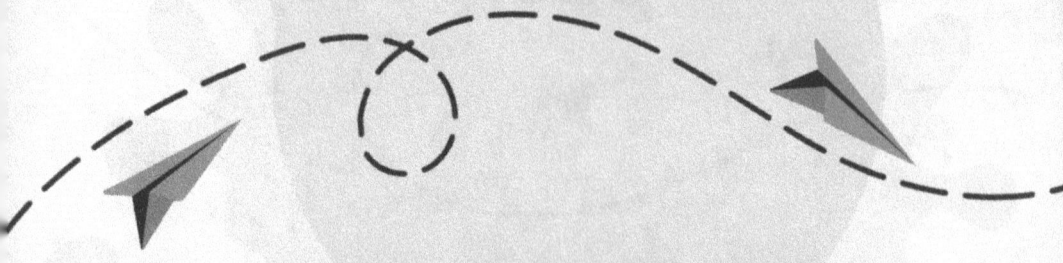

vivir con la abuela

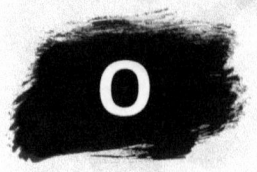

vivir con tus primos?

¿QUÉ PREFIERES...

ver dibujos animados

o

vestirse como personajes de dibujos animados?

encontrar un pony por tu cuenta

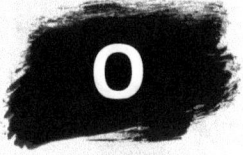

sorprenderte con un pony?

¿QUÉ PREFIERES...

obtener buenas notas en la escuela

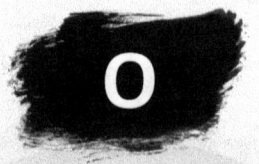

ser realmente bueno en un deporte?

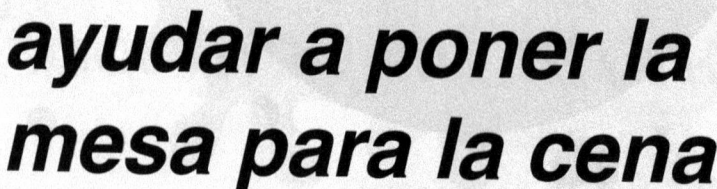

ayudar a poner la mesa para la cena

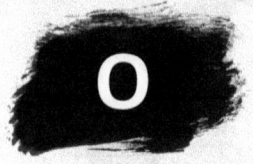

ayudar a limpiar la mesa después de la cena?

¿QUÉ PREFIERES...

tener un amigo robot que te hace reír

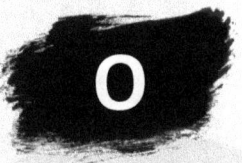

o

tener un robot que puede hacer cualquier cosa que le pidas?

tener una niñera que sea realmente vieja

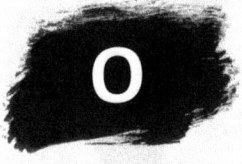

o

una niñera que es muy joven?

¿QUÉ PREFIERES...

criar pollos

o

criar un rebaño de vacas?

perder tu juguete favorito

o

perder todos tus ahorros?

¿QUÉ PREFIERES...

tener un solo amigo íntimo

o

muchos amigos con los que no estás muy unido?

compartir tu cama con alguien que se orina en la cama

o

compartir tu cama con uno que se tire muchos pedos?

¿QUÉ PREFIERES...

recibir regalos que no te gustan en tu cumpleaños

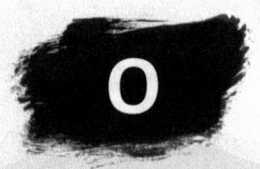

no recibir ningún regalo?

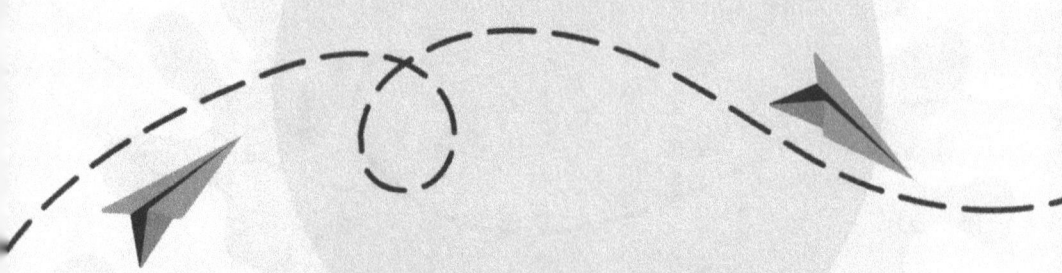

tener que usar guantes todo el tiempo

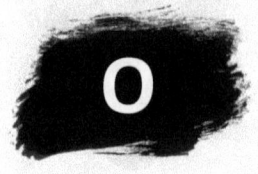

tener que usar una máscara facial todo el tiempo?

¿QUÉ PREFIERES...

no tener que volver a la cama nunca más

o

nunca tener que levantarse temprano?

tener que bailar cada vez que escuchas una canción

o

tener que cantar cada vez que escuchas una canción?

¿QUÉ PREFIERES...

estar en una pelea de comida

o

ver una pelea de comida a distancia?

despertar con alas

o

despertar con una cola peluda?

¿QUÉ PREFIERES...

no tener papel higiénico mientras estás en el asiento del inodoro

o

no tener agua para lavarse las manos después?

tomar la leche como un gato

o

lamerte como un gato?

¿QUÉ PREFIERES...

tener una sonrisa muy aterradora

tener una risa muy fuerte?

encontrar una cucaracha escondida en tu pizza

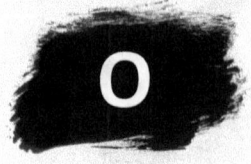

encontrar una cucaracha escondida en tu zapato?

¿QUÉ PREFIERES...

que un pájaro haga un nido en tu pelo

que una gallina ponga huevos en tu cabello?

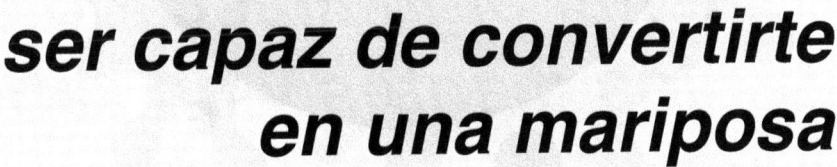

ser capaz de convertirte en una mariposa

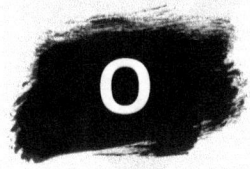

ser capaz de convertirse en un águila?

¿QUÉ PREFIERES...

despertar con la cara de tu abuela

despertar con la cara de tu abuelo

tener algo atascado en los dientes y no saber

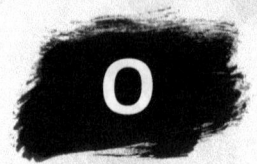

tener algo colgando de tu nariz y no saberlo?

Printed in the USA
CPSIA information can be obtained
at www.ICGtesting.com
LVHW022234220124
769679LV00017B/147